Inhaltsverzeichnis

FSC
www.fsc.org

MIX

Papier aus ver-
antwortungsvollen
Quellen
Paper from
responsible sources

FSC® C105338

Richard Deiss

Sippel-Libbet, Schängel und Schlammbeiser

77
Denkmäler zu Dorf- und Stadtpersonifikationen

Impressum

Autor: Richard Deiss
Fotografien: Richard Deiss/siehe Quellennachweis
Cover: Richard Deiss

Kontakt: richard.deiss@gmail.com

Herstellung und Verlag: BoD - Books on Demand,
                          Norderstedt, Printed in Germany

ISBN: 978-3-752-6850-84

Erste Auflage 2023, Originalausgabe

© Richard Deiss, Isny 2023

Bibliografische Information der Deutschen Nationalbibliothek
Die Deutsche Nationalbibliothek verzeichnet diese Publikation in
der Deutschen Nationalbibliografie; detaillierte bibliografische
Daten sind im Internet über http://dnb.d-nb.de abrufbar

Vorwort

Ich bin ein Städte-Vielreisender und habe in Deutschland bereits mehr als 1000 Städte besucht und im restlichen Europa 1000 weitere Städte. Bei manchen dieser Städtereisen stieß ich auf interessante Bronzefiguren und andere Personendenkmäler.

Im Sommer 2022 fasste ich den Beschluss, die 77 interessantesten Bronzestatuen in einem kleinen Taschenbuch aufzulisten. Das wäre jedoch eine etwas beliebige Sammlung geworden und so entschied ich, es thematisch weiter einzugrenzen. Zuerst publizierte ich ein Buch zu städtischen Originalen, dann zu fiktiven Figuren. Bei den fiktiven Figuren sammelten sich immer mehr an und so beschloss ich, einen eigenen Band zu Stadtpersonifikationen zu erarbeiten. Anfang 2023 unternahm ich dann weitere Reisen, um Lücken zu schließen und eine ausreichende Zahl von Denkmälern für ein kleines Büchlein zusammenzubringen. Die Sammlung, die sich so ergab, enthält klassische stadtbezogene Allegorien, aber auch viele Denkmäler, die sich auf Beinamen von Stadtbewohnern und Ortsteilbewohnern beziehen. In manchen Regionen, wie im Kraichgau, In Osthessen und Teilen des Rheinlandes sind diese recht häufig.

Ich freue mich, wenn das Buch interessierte LeserInnen findet, die es lehrreich und unterhaltsam finden. Rückmeldungen und Kommentare sind willkommen. Vielleicht werden LeserInnen auch angeregt, die eine oder andere Figur selbst in Augenschein zu nehmen.

Viel Spaß beim Lesen und dem Betrachten der Denkmale.

Isny, im April 2023
Richard Deiss

1. Berlin

In so einer großen Stadt wie Berlin gibt es zahlreiche Denkmäler. Die einst berühmteste, heute nur noch wenig bekannte Berlin-Allegorie **Berolina** ist jedoch eigentlich nicht mehr darunter. Auf dem Alexanderplatz stand seit 1895 eine von Emil Hundrieser (1846-1911) geschaffene riesige Statue der Berolina, einer Personifikation von Berlin. 1942 wurde sie abgebaut und zu Kriegszwecken eingeschmolzen. Seit der Wende gibt es Initiativen, die Berolina wieder in historischer Gestalt auf dem Alexanderplatz aufstellen zu lassen. Die Skulptur wird in Berlin jedoch nicht unbedingt vermisst.

Tanzende Berolina

Im Jahre 2004 wurde am Hausvogteiplatz die vom Bildhauerstudenten Axel Anklam entworfene Drahtgeflecht-Figur *tanzende Berolina* aufgestellt.

Bildhauer: Axel Anklam (1971-2022), Edelstahlgeflecht, 2004
Standort: Hausvogteiplatz

Karpfenjule

Im Jahre 1996 wurde am Rathaus des Berliner Bezirkes Köpenick
für das berühmte Berliner Original, den Hauptmann von Köpenick
ein Bronzedenkmal aufgestellt. Da merkte man im Nachbarbezirk
Treptow, dass dort sowas fehlte. Also erfand man eine zu Treptow
mit seiner Fischereitradition passende Figur, die fröhliche
Fischverkäuferin **Karpfenjule**. Zusammen mit dem Bildhauer
Peter Dietzsch entwarf Ursula Eichelberger die Figur und sie stand
auch dafür Modell. Sie dichtete sogar ein Lied zur Karpfenjule. Die
Karpfenjule steht seither vor dem Treptower Rathaus. Als die
beiden Bezirke im Jahre 2001 vereinigt wurden, gab es nun zwei
Bronzestatuen für Originale vor Rathäusern des neuen Bezirkes.

Bildhauer: Peter Dietzsch (1933-2018), Bronze, 1998
Standort: Neue Krugallee 2-6

2. Hamburg und Bremen

Hamburg

Hammonia

Hammonia ist eine neulateinische Bezeichnung für Hamburg. Als Frauenfigur repräsentiert Hammonia die Hansestadt, wird als solche jedoch wenig für die Corporate Identity der Stadt genutzt. Seit 2003 steht auf der Brooksbrücke, die zur Hamburger Speicherstadt führt, die gekrönte, eher einfach gestaltete Figur der Hammonia. Gegenüber stand einst die Germania, heute jedoch, den internationalen Ambitionen Hamburgs entsprechend, Europa.

Bildhauer: Jörg Plickat (*1954), Bronze, 2003
Standort: Brooksbrücke

Roland

Der **Ritter Roland** ist ein Symbol bürgerlicher Freiheit. Rolandstatuen stehen in mehr als 30 Städten, vor allem im Norden Deutschlands. Die berühmteste Rolandstatue steht auf dem Bremer Marktplatz. Der Bremer Roland ist 5.5 m hoch und wird von einem steinernen Baldachin überragt. Er trägt Rüstung und Schwert und hat ein Schild umgehängt, welches einen Doppeladler zeigt, Symbole der Reichsunmittelbarkeit (kein weiterer Herrscher zwischen Kaiser und Stadt) und der Gerichtsbarkeit. Das Gitter, welches Roland umgibt, wurde im 20. Jahrhundert rekonstruiert.

Steinmetz: Claus Zeelleyher und Jacob Olde, Stein, 1404
Standort: Marktplatz

3. Niedersachsen

Braunschweig

Brunonia

Der Name **Brunonia** leitet sich vom sächsischen Adelsgeschlecht der **Brunonen** ab und ist eigentlich die symbolische Landesgöttin des kleinflächigen Herzogtums Braunschweig. Brunonia kann aber auch als Stadtallegorie gesehen werden. Dargestellt ist sie etwa als Lenkerin der Quadriga auf dem seit 2008 rekonstruierten Braunschweiger Stadtschloss. Die 5.3 m hohe Brunonia auf der größten Quadriga Deutschlands ist dennoch in der Stadt Braunschweig wenig im Bewusstsein der Bürger verankert.

Bildhauer: Rietschel, Erzgießer: Howaldt, Original: Kupfer, 1863, Replik: Bronze, 2008
Standort: auf dem 2008 rekonstruierten Stadtschloss

Hannovera

Über dem Portal des 1901-1913 im historistischen Stil nach einem Entwurf von Hermann Eggert erbauten Neuen Rathauses von Hannover findet sich links oben eine Säule mit der Figur der Germania und rechts die **Hannovera**, die eine Stadtkirche in der Hand hält. Die Hannovera ist wenig im Bewusstsein der Bevölkerung und wird kaum in den Medien als Symbol der Stadt genutzt.

König Ernst August mit seinem Denkmal, hoch zu Ross vor dem Hauptbahnhof, ist da wesentlich präsenter. Zudem werden etliche Politiker und Persönlichkeiten mit bundesweiter Ausstrahlung mit Hannover verbunden, wie Schröder und Wulff.

Bildhauer: August Waterbeck (1875-1947), Stein, 1910
Standort: Portal Neues Rathaus

Lindener Butjer

Im norddeutschen Platt steht *binnen* für drinnen und *buten* für draußen. Aus Hannoveraner Perspektive kamen die Bewohner der Vo-
rorte *von buten rin*, von draußen in die Stadt. Die Lindener waren
fast stolz drauf und nannten sich deshalb **Butjer**. Die Lindener
Volksbank stiftete anlässlich ihres 100jährigen Bestehens eine
Butjer-Skulptur, ein rot angemaltes Stahlgerüst, auf welchem ein
Arbeiter-Junge mit Schirmmütze, der den typischen Butjer repräsentiert, sitzt. Als das Gebäude der Volksbank 2022 abgerissen
wurde, wurde das Denkmal um einige Meter versetzt.

Steinmetz: Ulrike Enders (*1944), Stahlgerüst, Bronze, 1990
Standort: Stephanusstraße

4. Nordrhein-Westfalen

In Nordrhein-Westfalen gibt es etliche Stadt- und Dorfpersonifi-
kationen. Im Niederrheinischen werden die Einwohner von Orten,
die eingebildet sind und sich für etwas Besseres halten, gerne als
Wind bzw. Windbeutel bezeichnet. So gibt es mehrfach Spitznamen für Ortsbewohner, die sich darauf beziehen, so den
Lobbericher Wenkbüll oder den Gelderschen Wend.

Dä Geldersche Wend
In Geldern zeigt der Text an einer Bronzestatue, dass der Wind
von Straelen, Issum und Nieukerk nichts wert ist verglichen mit
dem **Gelderschen Wind**, der sogar von unten weht.

Bildhauer: Wilhelm Hoselmann, Bronze, 2004, **Standort:** Markt

Brückenmännchen/Brückenweibchen

1898 wurde die Rheinbrücke zwischen Bonn und Beuel fertigge-
stellt. Da die Bonner die Brücke im Wesentlichen bezahlten, brach-
ten sie auf Bonner Seite ein Brückenmännchen an, das den Beue-
lern den Hintern zeigt (nach Beschädigungen 2008 durch eine
Nachbildung am Beueler Ufer ersetzt). Auf einer Tafel ist zu lesen:

Am Brückentor auf der alten Rheinbrücke gen Beuel gewandt,
dies kleine Männchen sein Plätzchen fand.
Zum Trotz der Beueler rief es ganz laut:
Bonn hat die Brücke fast ganz alleine gebaut.

Im Wäschereistandort Beuel antwortete man am dortigen Ufer mit
einer Beueler Waschfrau, die einen Pantoffel in der Hand hält und
grimmig nach Bonn schaut. Auf einer Tafel ist zu lesen:
De Welt es e Lake, dat selvs de Beueler net wäsche könne.
Heute schauen beide Figuren vom Beueler Rheinufer aus auf die
Bonner Innenstadt.

Steinmetz: Michael Naundorf, Stein, Nachbildung 2008, Infotafel:
Sigrid Wenzel (*1934), **Standort:** Rheinuferpromenade Beuel

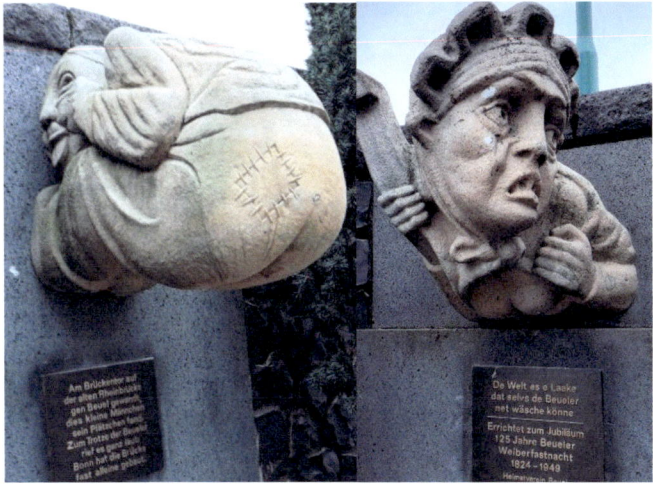

Borken-Weseke

Sippel Jans

Das Dorf Weseke, heute ein Stadtteil von Borken, war noch um 1900 in der Region für den Anbau und von Zwiebeln (**Sippeln** im lokalen Platt) bekannt. Mit diesen wurden Märkte im nordwestlichen Münsterland beschickt. Seit 2008 wurden Bronzedenkmäler für entsprechende Weseker Figuren aufgestellt, zuerst eines für **Sippel Jans** (Zwiebel Jans).

Bildhauer: unbekannt, Bronze, 2008
Standort: Flopsplatz, Seite Hauptstraße

Sippel-Libbet

Nachdem 2008 ein Bronzedenkmal für Sippel Jans aufgestellt wurde, sollte auch der Beitrag der Frauen zum Zwiebelhandel geehrt werden. Deshalb gesellte sich noch eine **Sippel-Lisbet (Libbet)** hinzu, welche wegen Baumaßnahmen zeitweise umziehen musste, aber 2019 einen neuen Platz und ein Podest bekam.

Bildhauer: k.A., Bronze, 2019
Standort: Kirchplatz, Südseite (Borkenwirther Str.)

Tönnekesdrieter

Vor Jahrhunderten, als in Duisburg-Ruhrort der Bau einer Kanalisation wegen des hohen Rheinwasserspegels noch nicht möglich war, bestand die sauberste Lösung, sein Geschäft zu verrichten, im Nutzen eines Fasses (einer Tonne), welches im Hafen entleert wurde. Als 1870 die erste Kanalisation in Ruhrort verlegt wurde, hatten die Bewohner schon den Spitznamen **Tönnekesdrieter** (Tönnchenscheisser) weg. Die Ruhrorter Karnevalsgesellschaft schuf schließlich 1950 den Tönnekes-D'Ritter-Orden, heute der begehrteste Orden Duisburgs. 1990, 40 Jahre später, wurde von der Karnevalsgesellschaft dem Tönnekesdrieter in Ruhrort ein Denkmal gesetzt.

Bildhauer: unbekannt, Bronze, 1990
Standort: Kasteelstr. 1, Duisburg-Ruhrort

18

Gangelt

Muhrepenn

Als die Stadt Gangelt im Mittelalter einmal belagert wurde, verriegelten die schlaftrunkenen Wachsoldaten das Stadttor mit einer Möhre, statt einem **Metallpin**. Am frühen Morgen knabberten Gänse die Möhre weg und die Belagerer konnten so ungehindert in die Stadt dringen. Seither haben die Gangelter den Necknamen **Muhrepenn** (Möhrenpin).

Bildhauer: unbekannt, Bronze, 2008
Standort: Burgstr. 10

Hattingia

Die **Hattingia** auf dem Kirchplatz von Hattingen stellt ein Krieger-denkmal dar und erinnert an die Gefallenen des Deutsch-Französi-schen Krieges 1870/71. Die Hattingia selbst hält einen Immortel-lenkranz als Zeichen ihrer Unsterblichkeit in der Hand. Trotzdem nagte der Zahn der Zeit an ihr. Bei der Sanierung des Denkmals im Jahre 2004 musste die rechte Brust der Figur für einen Betrag von 6000 Euro erneuert werden.

Bildhauer: Friedrich Küsthardt (1830-1900), Stein, 1876
Standort: Kirchplatz

Colonia

Köln wurde als römische Kolonie (**Colonia**) gegründet. Die Mutter Colonia über dem Portal des Spanischen Baus des Kölner Rathauses ist 4 m hoch und beschützt mit ihrem Mantel ihre Kinder, die Bürger*innen Kölns.

Standort: Kölner Rathaus, Spanischer Bau, Theo-Burauen Platz
Bildhauer: Seff Weidel (1915-1972), Bronze, 1955

Tünnes und Schäl

Tünnes und Schäl sind zwei Figuren aus dem Kölner Puppentheater. Tünnes ist ein knollen-nasiger, einfacher und gutmütiger Typ. Der Frack tragende Schäl ist schlitzohrig und fast schon hinterhältig. Beide Figuren hat es als reale Personen nie gegeben, sie zeigen jedoch typische Eigenschaften der echten Kölner.

Bildhauer: Wolfgang Reuter (*1934), Bronze, 1974
Standort: Lintgasse 9

Mülheimia

Im Jahre 1784 wurde **Mülheim** durch ein Rheinhochwasser fast völlig zerstört. Doch der Ort wurde wieder aufgebaut und zum 100. Jahrestag der Flutkatastrophe wurde vom Mülheimer Verschönerungsverein ein vom Kölner Bildhauer Wilhelm Albermann entworfener Brunnen errichtet, gekrönt von einer Göttin. Diese wurde von den Bürgern nach ihrer Gemeinde **Mülheimia** genannt. 1901 wurde Mülheim zur Stadt und Mülheimia zur Stadtgöttin. Auf dem Sockel der Statue sind drei Knaben zu sehen, die für die damals wichtigsten Wirtschaftszweige der Stadt, die Industrie, den Handel und die Landwirtschaft stehen. Trotz großen Widerstandes wurde Mülheim 1914 in die Stadt Köln eingemeindet.

Standort: Josefstr., Breyell
Bildhauer: Wilhelm Albermann, Stein, 1884

Mindener Butjer

Alteingesessene Mindener gelten als **Mindener Butjer**. Mittlerweile reicht es dafür, in Minden geboren zu sein. Der eingefleischte Butjer spricht auch noch die fast ausgestorbene Mindener **Buttjersprache**, eine urbane Sondersprache. Die Mindener Buttjersprache entstand im 19. Jahrhundert und wurde damals in der oberen Altstadt von den dort wohnenden Sinti und Roma und im Fischerviertel von den Hafenarbeitern gesprochen.

Ein Beispiel (laut Wikipedia) *Tick dich, Fitti, krall dich den Kometen!' für: „Guck mal Fritze, schnapp dir die Kippe!"*

In der oberen Altstadt erinnert die Bronzestatue eines Mindener Butjers an die Altstadtbewohner und ihre Sprache.

Bildhauer: Paul Wedepohl, Bronze, 1986
Standort: Martinikirchhof

Kiependräger

Breyell liegt an alten Handelswegen in die Niederlande. Vor dem Aufkommen der Eisenbahn lebten hier viele Menschen vom Handel und dem Transport von Waren. In der kalten Jahreszeit waren Bauern mit einem Rückenkorb (**Kiepe**) als Händler unterwegs und verkauften Waren in ganz Mitteleuropa. Die **Kiepenträger** entwickelten sogar eine eigene Handelssprache, das Krämerlatein.

Bildhauer: Hubert Löneke (Aachen), Bronze, 1984
Standort: Josefstr., Breyell

Wenkbüll

Durch die Samtproduktion für die florierende Textilindustrie waren die Lobbericher lange wohlhabender als die Bewohner der Nachbarorte, was ihnen entsprechendes Auftreten und Selbstbewusstsein gab. Den Nachbargemeinden machten sie zu viel Wind, weshalb sie auch als **Windbeutel (Wenkbüll)** bezeichnet wurden, noch heute Spitzname der Lobbericher. Eine entsprechende Bronzestatue wurde 2010 im Zentrum von Lobberich aufgestellt.

Bildhauer: Loni Kreuder, Bronze, 2010
Standort: Marktstr. 22, Nettetal-Lobberich

Zigarrendreher

Eine Tafel am **Zigarrendreher**-Denkmal informiert, dass schon 1804 in Kaldenkirchen die erste Tabakfabrik in Betrieb genommen wurde und dass diese Industrie im Jahre 1921 genau 1217 Personen beschäftigte, 65 % der in Kaldenkirchen arbeitenden Bevölkerung.

Bildhauer: Loni Kreuder, Bronze, 1990
Standort: Kehrstr. 93, Nettetal-Kaldenkirchen

Gerber

Im Nettetaler Ortsteil Schaag entwickelte sich im 19. und frühen 20. Jahrhundert eine kleine Industrie aus Gerbereien und Lederverarbeitung. Die Schaager werden deshalb auch als **Gerber** bezeichnet. Eigentlich gab es auch eine Zigarrenproduktion. Doch dafür war Kaldenkirchen typischer und dort gab es auch schon ein Denkmal. Also entschied sich ein örtlicher Verein für ein Gerberdenkmal, welches im September 2012 aufgestellt wurde.

Bildhauer: Wolfram Schobel-Gundhardt, Beton, 2012
Standort: Hubertusplatz Schaag

Olpe

Pannenklöpper

Im Jahre 1567 wurde in Olpe die Schmiedezunft eingerichtet. Dazu gehörten Kessel- und Pfannenschmiede (Pannenklöpper). Das Schmiedehandwerk, und dabei besonders die Pfannenherstellung, brachte Olpe mehrere Jahrhunderte lang Ansehen und Wohlstand. So kamen die Olpener auch zum Beinamen **Pannenklöpper**.

Bildhauer: Wolfram Schobel-Gundhardt, Stein, 2012
Standort: Marktplatz Olpe

Stolberg-Büsbach

Bareschesser

Die Büsbacher werden von den Stolbergern auch **Bareschesser** genannt. Eine *Bare* ist ein Tongefäß und bedeutet auch einfach Gefäß oder Krug. Die Bare stellten einst die Büsbacher Hausfrauen nach ihrer Säuberung zum Trocknen vor die Tür, um sie wieder mit Lebensmitteln zu befüllen. Einmal kam in Büsbach ein angetrunkener Mann die Straße entlang, dessen Darm gerade ziemlich drückte. Er lockerte die Hosenträger, ließ die Hose herunter und setzte sich auf eine **Bare** um seine Notdurft zu erledigen. Er wurde jedoch dabei beobachtet und als Büsbacher Mitbürger erkannt. Diese Anekdote sprach sich bald in ganz Stolberg rum. So kamen die Büsbacher zum Beinamen Bareschesser und 1994 wurde vor der örtlichen Sparkasse, die bei der Finanzierung half, ein entsprechendes Denkmal aufgestellt.

Bildhauer: Lothar Scheffler, Bronze, 1994
Standort: Marktplatz (Konrad Adenauerstr.) Büsbach

Vesalia

Die 1953 geschaffene `trauernde Vesalia´ ist das bekannteste Werk der Weseler Bildhauerin Eva Brinkmann. Sie erinnert an die Bombenopfer des Krieges. Im Februar 1945 wurde die Innenstadt der Hansestadt Wesel durch Luftangriffe zu 97% zerstört. Kaum eine deutsche Stadt traf es härter.

Bildhauerin: Eva Brinkmann (1896-1977), Muschelkalk,1953
Standort: Alter Friedhof Wesel, Gefallenengräber

Jeel Puet

Im Spätmittelalter verlief in Würselen-Bardenberg die Grenze zwischen dem Aachener und dem Jülicher Reich. Ein Bardenberger Bauer hatte einst Eier im Korb und als er die Grenze nach Jülich übertreten wollte, verlangte der Zöllner eine Abgabe. Der Bauer wies auf seine Mittellosigkeit hin, doch der Zöllner blieb stur. Aus Wut zerstampfte der Bauer die Eier mit seinen Füßen. **Jeel Puet - Gelbe Füße** - wurde so zu einer Symbolfigur Bardenbergs.

Bildhauer: Gerhard Hensen (*1960), Bronze, 1998
Standort: Ecke Heidestr. /Grindel (Bardenberg)

Barmenia

Der Grundstein des Rathauses von **Barmen** wurde bereits 1908 gelegt. Doch eine erste Finanzkrise und der Erste Weltkrieg verzögerten die Fertigstellung bis ins Jahr 1921. 1929 wurden schließlich Barmen, Elberfeld und andere Gemeinden zur neuen Stadt Wuppertal zusammengelegt. Das repräsentative und relativ neue Rathaus von Barmen wurde zum Rathaus der gesamten Stadt. An den Seiten der Rathaus-Freitreppe finden sich allegorische Darstellungen in Frauenform: links die Rheinprovinz, Rhenania, rechts Barmen als Barmenia, mit Helm auf dem Kopf und einem Kind und Löwen an der Seite. **Barmenia** ist heute auch der Name einer in Barmen sitzenden Versicherungsgruppe (3800 Beschäftigte).

Bildhauer: Richard Guhr (Entwurf), Heinrich Ostlinning (Ausführung), Stein, 1921, **Standort:** Rathaus Wuppertal-Barmen

5. Rheinland-Pfalz

Rheinland-Pfalz ist reich an Stadt- und Ortspersonifikationen. Die bekannteste ist wohl der Koblenzer Schängel.

Koblenz

Schängel

Schängel ist eine Bezeichnung für in **Koblenz geborene Jungen**. Schängel leitet sich von Jean ab (Koblenz gehörte 1794-1814 zu Frankreich), was die Koblenzer Schang aussprachen, aus dem sich der Diminutiv *Schängel* entwickelte. Als frecher Koblenzer Bub ist der Schängel zu Streichen aufgelegt. Die Brunnenfigur speit alle 3 Minuten einen Wasserstrahl, der Touristen und andere unvorbereitete Auswärtige immer wieder nass macht.

Bildhauer: Carl Burger (1875-1950), Bronze, 1940
Standort: Willi Hörter Platz

Koblenz-Lay

Layer Kuoleroffer

Ein Layer **Kuoleroffer** hob die Metallkugeln auf, welche er in der Nähe der Nähe der Schusswaffenübungsanlage auf der Karthause fand. Denn manches Geschoss landete weit außerhalb. Schlaue Kuoleroffer sammelten auch welche innerhalb auf, im Tausch gegen Kommissbrot. Beim Altmetallhändler gaben die schweren Kugeln gutes Geld. In Lay war man wohl schon als Kind schlau. Ein 11-jähriger Junge aus Lay stand Model für die Plastik des im selben Jahr verstorbenen Koblenzer Bildhauers Fritz Berlin. Der Obst- und Gartenbauverein ließ sie zum 40jährigen Bestehen errichten.

Künstler: Fritz Berlin, Bronze, 1997
Standort: Kirchenvorplatz

Baareschesser

Im Mittelalter bis weit ins 19. Jahrhundert sollen sich die Bewohner des rechten Lahnufers in Ermangelung von Quellwasser mit Grundwasser versorgt haben. Um dieses rein zu halten, verzichteten sie auf Sickergruben. Stattdessen benutzten sie als Toilette die `Bahre´, einen Holztrog. Fritz Berlin (1924-1997) war von 1963-1969 Bürgermeister von Oberlahnstein (heute mit Niederlahnstein zur Stadt Lahnstein vereinigt) und Hobbykünstler und initiierte und gestaltete nach seiner Pensionierung das Denkmal. Enthüllt wurde es im Juni 1992 durch Ministerpräsident Rudolf Scharping. Niederlahnsteiner werden heute auch **Baare** genannt.

Bildhauer: Fritz Berlin, Bronze, 1992
Standort: Johannesstr. 41, Festplatzes am Lahnufer

Strünzer

Vom rheinischen Dialektwort strunzen (aufschneiden) leitet sich der Name des Linzer Strünzerbrunnens mit der entsprechenden Figur ab. Der **Strünzer** ist ein für das Rheinland typischer herzlicher, gesprächiger und feierfreudiger Mensch, der etwas zur Übertreibung neigt. Der Brunnen zeigt die Figur mit ausladender Geste und offenem Mund. Seit 1980 steht er auf einem Brunnen an zentraler Stelle der Altstadt, dem Burgplatz.

Künstlerin: Ulla Windhäuser-Schwarz, 1980
Standort: Burgplatz

Ludwigshafen

Ludwina

Angesichts ihres hundertjährigen Bestehens stiftete die Ludwigshafener Stadtsparkasse 1988 für den innerstädtischen Ludwigsplatz an ihrem Hauptsitz einen Brunnen. Gestaltet hatte die Brunnenfigur der aus der Pfalz stammende Münchner Bildhauer und Kunstprofessor Erich Koch. Eingeweiht wurde der Brunnen jedoch erst 1992. Die sehr schlanke Brunnenfigur trägt den Namen **Ludwina**, eine Wort-Neuschöpfung, die ein bisschen versucht, den Stadtnamen zu latinisieren, aber im Bewusstsein der Bevölkerung nicht präsent ist. Wie die Chemiestadt thront Ludwina über dem Wasser und ihre nach oben gereckten Arme könnte man auch als Anspielungen auf Industrieschlote interpretieren.

Künstler: Erich Koch, Bronze, 1992
Standort: Ludwigsplatz

Mainz

Schopppenstecher (Meenzer)

Früher sagte man, wer nach Mainz zugezogen sei, sein ein **Main-zer**, wer dort geboren sei ein **Määnzer** und wessen Eltern schon dort geboren seien, ein **Meenzer**. Heute ist die Verwendung der Ausdrücke **Määnzer** und Meenzer unklarer, aber beide bezeichnen wohl einen Alteingesessenen, bzw. richtigen Mainzer. Die Schoppenstecher-Figur des leutseligen Weinschoppentrinkers kann wohl als Darstellung eines lebensfrohen Meenzers durchgehen.

Künstler: Heinz Schaubach, Bronze, 1962
Standort: Schillerplatz beim Proviant-Magazin

Schärjer

In der Innenstadt von Neuwied erinnert das **Schärjer**-Denkmal daran, dass Hafenarbeiter als Schürgen (Schärjer im Neuwieder Dialekt) früher in Schwerstarbeit Schiffe mit Bimsstein beluden. Auf dem Denkmal bewegt der Schärjer seine Schärskaa (Schubkarre, Schürreskarre) Richtung Rhein. Noch heute ist Schärjer ein Beiname der Neuwieder (**Naiwidder Schärjer**).

Im Schärjer Lied, das als Neuwieder Hymne gilt, sagt der Refrain: *Mir sein Naiwidder Schärjer seit über dreihundert Johr..*

Standort: Rheinstraße 11/ Mittelstraße 3/4

Plattärsche

Im Volksmund werden die Vallendarer auch **Plattärsche** genannt. Der Plattpopo-Brunnen in der Altstadt erinnert seit 1981 daran. Er zeigt die Anwendung der Kneipp´schen Wasserkur auf den Plattpopo eines Vallendarers.

Bildhauer: Fritz Berlin, Bronze, 1981
Standort: Hellenstr. 26

6. Hessen

Auch Hessen ist reich an Stadtpersonifikationen. Diese sind vor allem in Nordhessen in Verbindung mit Ortsnecknamen zahlreich.

Frankfurt

Stadt Frankfurt

An den Seiten des 1858 errichteten **Johannes-Gutenberg-Denkmals** auf dem Frankfurter Roßmarkt sind Symbolfiguren zu sehen, die die Wappen der vier Druckerstädte zeigen: Frankfurt, Mainz, Straßburg und Venedig. Die Frankfurter Figur zeigt den Adler der Reichsstadt. In der Hand trägt sie eine Kaiserkrone, im Arm liegt ein Schwert.

Bildhauer: Eduard Schmidt von der Launitz (1797-1869), Bronze, 1858, **Standort:** Roßmarkt

Darmstadt

Heiner

Als **Heiner** gilt traditionell jemand, der in Darmstadt geboren wurde und dort heute noch lebt. Nach manchen Quellen gilt als echter Heiner jemand, dessen Eltern auch schon in Darmstadt geboren wurden.

Bildhauer: Christian Präger, Bronze, 1995
Standort: Schustergasse

Bad Hersfeld

Mückenstürmer

Am 2003 aufgestellten Mückenstürmer-Denkmal in der Bad Hersfelder Innenstadt (drei Männer und eine Frau) erklärt ein Metallschild:

Im Jahre 1674 täuschte ein Mückenschwarm am Kirchturm eine Rauchwolke vor. Die Hersfelder stürmten herbei, um den vermeintlichen Brand zu löschen. Seither werden sie von den Nachbarn die Mückenstürmer genannt.

Bildhauer: Atelier Bohrmann & Roth, Bronze, 2003
Standort: Linggplatz

Schlammbeiser

Einst wurde der schlammige Unrat in den Abzugsgräben, auch Schlamp genannt, mit Eisenhaken aufgelockert und geschoben. Aus dem **Schlamp-Eiser** wird in hessischer Aussprache der **Schlammb-Eiser**, und davon gab es in Gießen einst wohl einige, wodurch es zum Spitznamen der Stadtbewohner kam.

Bildhauer: Hans-Ulrich Erhardt (*1946), Bronze, 2005
Standort: Zwischen Marktplatz und Kirchenplatz

Rotenburg (Fulda)

Konne

Konne ist eine fiktive für Rotenburg stehende Figur. Am Denkmal **Rotenburg, An, Der und Fulda** am Bahnhof der Stadt hat Konne die Fuldabrücke, das Kollegiengebäude und eine Flasche mit Quellwasser in der Hand.

Bildhauer: Martin Schaub, Sandstein, 2003
Standort: Poststraße

Schenklengsfeld

Strohhäischer

Bis zum Beginn des 19. Jahrhunderts mussten die Bauern der Dörfer um Schenklengsfeld Stroh und Heu für die Pferde der den Amtsort jährlich besuchenden Landesforstbeamten aus Bad Hersfeld bringen, als eine Art Natursteuer. Die Kasseler Regierung stellte das 1829 endlich ein. Der Spitzname **Strohhäischer** blieb den Schenklengsfeldern jedoch.

Bildhauer: Bronze, 2001
Standort: Landeckerstr./Rathausstr.

7. Baden-Württemberg

In Baden-Württemberg gibt es zahlreiche Ortsnecknamen, vor allem im Kraichgau, im nördlichen Oberrheingebiet und am Neckar. Auch gibt es immer mehr Denkmäler dazu, zunehmend auch in kleineren Orten.

Eppelheim

Eppler Stallhasen

Als in der Gründerzeit Ende des 19. Jahrhunderts in Heidelberg ein Bauboom einsetzte, wurden zahlreiche Maurer gebraucht. Diese siedelten sich im preisgünstigen, nahe gelegenen Dorf Eppelheim an. Eppelheim wurde so zum `Maurerdorf´. Weil die Maurer zur Selbstversorgung mit Fleisch zahlreiche Hasen hielten und hinter fast jedem Haus ein Hasenstall zu finden war, wurden die Eppelheimer in den Nachbarorten bald **Stallhasen** genannt.

Bildhauer: Günter Braun, Bronze
Standort: Hauptstr. 64

Das Käthchen von Heilbronn

Das **Käthchen von Heilbronn** ist ein historisches Ritterschauspiel von Heinrich von Kleist (1777-1811), welches in Württemberg spielt. Der Waffenschmied Theobald klagt darin den Grafen von Strahl an, weil dieser seine Tochter Katherine mit Hilfe von Magie entführt haben soll. Sie war dem Grafen jedoch freiwillig gefolgt, nachdem dieser seinen Harnisch beim Schmied hatte reparieren lassen. Dem Grafen wurde in einem weissagenden Traum eine Kaisertochter als Ehefrau versprochen. Er glaubt, dies wäre Kunigunde von Thurneck und befreit diese. Doch die ist nur an seinen Ländereien interessiert und intrigiert gegen Käthchen. Später erkennt der Graf, dass das Käthchen eine uneheliche Kaisertochter ist, heiratet sie und nimmt den alten Schmied Theobald in seiner Burg auf. Dieter Läpples etwas abseitsstehende Käthchen-Figur ist in Heilbronn umstritten und immer wieder Opfer von Vandalismus.

Bildhauer: Dieter Läpple (1938-2019), Bronze, 1965
Standort: Kirchbrunnenstraße

Heilbronn-Horkheim

Dachreiter

In Horkheim lebte einst ein Bauer, dem die Mittel fehlten, seine Steuern zu bezahlen. Als man ihn deswegen einsperren wollte, suchte er ein Versteck. Er stieg auf das Hausdach und versteckte sich hinter dem Schornstein. Polizei und Feuerwehr mussten lange suchen, bis sie ihn fanden. Die Feuerwehr fing nun an zu spritzen, um ihn vom Dach zu jagen. Doch der Bauer ritt auf dem Dachfirst hin und her, um dem Strahl zu entgehen. Irgendwann musste der **Dachreiter** jedoch durchnässt aufgeben und vom Dach steigen. Seither werden die Horkheimer als Dachreiter geneckt.

Bildhauer: Karl-Ulrich Nuss, Bronze, 1989
Standort: Ecke Schlossgasse/Schleusenstr.

Saureiter

Einst soll ein Sontheimer Metzger beim erfolglosen Versuch, eine Sau zu schlachten, durch das widerborstige Tier zu einem unfreiwilligen **Saureiter** geworden sein. So kamen die Sontheimer zu ihrem Spitznamen.

Bildhauer: Kurt Tassotti (*1948), Bronze, 1992
Standort: Hauptstr., vor Sommerhaus des Deutschordens

Heilbronn-Neckargartach

Linsafama

Einst fischten (famten) sie der Legende nach in Neckargartach, also stromabwärts, von Heilbronnern ins Wasser geworfene Linsen aus dem Neckar. So kamen die Neckargertacher zum Spitznamen **Linsafama** (Linsenfischer). Der Brunnen in der Ortsmitte von Neckargertach zeigt einen Mann, dem es trotz seines recht grobmaschigen Netzes doch gelingt, Linsen zu fischen.

Bildhauer: Dieter Läpple, Bronze, 1988
Standort: An der Kreuzung unterhalb der Kirche Neckargartach

Seeräuber

In Böckingen gab es einst den Böckinger See, der jedoch zugunsten von Bahnanlagen im Laufe der Zeit immer weiter verkleinert wurde, bis er schließlich mit Trümmern der im 2. Weltkrieg stark zerstörten Stadt völlig zugeschüttet wurde. Unklar ist jedoch, wie sich der Beiname **Seeräuber** ableitet. Eine Erklärung besagt, die Böckinger hätten einst im königlichen Gewässer unerlaubt gefischt. Eine andere mutmaßt, Böckinger Diebe hätten einst ein im Nachbarort gestohlenes Taufglöcklein im See versenkt. Nach einer dritten Theorie änderte der Neckar nach einem Hochwasser seinen Lauf, ein Altarm entstand bei Böckingen und Schiffe, die sich dorthin verirrt hatten, wurden von den Böckingern ausgeraubt.

Bildhauer: Dieter Läpple, Bronze, 1975
Standort: Kirchsteige (Böckingen)

Kraichtal-Unteröwisheim

Kerschdekipper

Kein Ort im Kraichgau ist so auf den **Kirschanbau** spezialisiert wie Unteröwisheim. So kam der Ort auch zu seinem Spitznamen. **Kerschde** sind die Kirschen und **Kippe** ist der Korb, mit welchem sie gesammelt werden.

Bildhauer: El-Shakarchi; Bonze, 2010
Standort: Friedrichsplatz

Imperia

Peter Lenk ist ein umstrittener Bildhauer, der oft die Grenzen des guten Geschmacks streift. Auch die **Imperia** in Konstanz war anfangs umstritten. Die Figur einer Balzac-Erzählung erinnert an das Konstanzer Konzil (1414-18) und zeigt eine leicht bekleidete Prostituierte, die in jeder Hand eine zwergenhafte nackte Figur trägt, einen Papst und einen König. Vom Aufreger hat sich die Statue, die sich in vier Minuten einmal um ihre Achse auf der Pegelmessstation im Hafen von Konstanz dreht, mittlerweile zum Touristenmagnet entwickelt.

Bildhauer: Peter Lenk (*1947), Beton, 1993
Standort: Hafeneinfahrt Konstanz

Mannheim

Bloomäuler

Der Spitzname der waschechten Mannheimer ist **Bloomäuler**. Das scheint sich mit Blaumäuler zu übersetzen, hat aber nichts mit der Farbe zu tun, sondern leitet sich von dem Wort blooe (schlagen) ab und bezieht sich auf eine augenzwinkernde Übertreibung in einer Erzählung. Die Mannheimer sind also so etwas wie liebevolle Aufschneider. Ein Bloomäuler-Denkmal gibt es in Mannheim als solches nicht. Indirekt gilt jedoch das Mannheimer Original **Blum-Peter** (Peter Schäfer, 1875-1940) als typischer Bloomäuler und sein Denkmal kann entsprechend als Bloomäulerdenkmal gesehen werden. **Schäfer** war aufgrund einer Unterfunktion der Schilddrüse kleinwüchsig und von verminderter Intelligenz. Er besuchte nie eine Schule, erlernte keinen Beruf und bestritt seinen Lebensunterhalt durch den Verkauf von Blumen auf der Straße und in Lokalen.

Bildhauer: Gerd Dehof (1924-1989), Bronze, 1966
Standort: O4, 13/1

Kiwwelschisser

Einst nutzen die Mosbacher ihre Exkremente zum Düngen der Felder. Deshalb wurden diese in der Stadt in Kübeln gesammelt. So kamen die Mosbacher zu ihrem Necknamen **Kiwwelschisser**. 1987 wurde in der Altstadt ein Kiwwelschisserbrunnen eröffnet.

Material: Bronze/Stein, 1987
Standort: Badgasse

Nagold

Die wüste Urschel

Ursula, im Volksmund **Urschel** genannt war der Legende nach das einzige Kind des Grafen von Hohennagold. Von der Natur nicht gerade glücklich ausgestattet, wurde Urschel von ihren Eltern wegen ihres Aussehens verachtet und vom gemeinen Volk als **wüste Urschel** verspottet. Sie ertrug das still und nahm sich den Armen und Notleidenden der Stadt an. Oft ging sie vom Schlossberg zur Nagold hinab. Eines Tages fand man sie an dieser Wegstrecke tot unter einem Felsen. Wie sie zu Tode kam, blieb unklar, aber die Armen der Stadt trauerten noch lange um sie.

Bildhauer: Jakob Reich von Dornstetten, Sandstein, 1747
Standort: Marktstraße/Ecke Badgasse

Andres

Andres ist eine fiktive Alt-Offenburger Figur, die Ende des 19. Jahrhunderts erdacht wurde und sich kritisch und humorvoll mit aktuellen Lokalthemen auseinandersetzte. Später wurde als weiblicher Gegenpart noch die Alt-Offenburgerin **Veef** geschaffen. Seither persiflieren die beiden im lockeren Zwiegespräch die kleinen Marotten und Sünden der Offenburger. Als bekanntester Darsteller des Andres gilt der Druckereibesitzer Franz Josef Burda, der Vater des Begründers des Burda-Verlages. Zu seinen Ehren wurde 2006 in der Fußgängerzone eine lebensgroße Bronzestatue aufgestellt, welche ihn als Andres zeigt.

Bildhauer: Nikolai Tregor, Schweiz (*1946), Bronze, 2006
Standort: Malergasse

Östringen-Odenheim

Linsabauch

Einst war der Linsenanbau in Odenheim sehr ausgeprägt, was den Ort satt und wohlhabend machte und ihm den Necknamen einbrachte. Die Bronzefigur des **Linsabauchs** zeigt einen Mann mit linsengesättigtem Bauch, verschmitzten Gesichtsausdruck und Zylinder als Andeutung für Wohlstand und Selbstbewusstsein.

Bildhauer: Heinrich Zibuschka, Bronze, 1987
Standort: Ecke Kirchstr./Michaelstr.

Seckel

Im Süddeutschen ist der Begriff **Seckel** eher negativ geprägt und gilt fast als Schimpfwort. In Pforzheim steht er jedoch eher für das Säckel voller Geld. Pforzheim war einst durch seine Schmuckindustrie wohlhabend und ein voller **Säckel** gar nicht so selten. Nach einer anderen Interpretation transportierte man Gold für die Pforzheimer Schmuckindustrie einst in einem Säckel.

Bildhauer: Fritz Theilmann, Bronze, 1985
Standort: Marktplatz an der Karl-Friedrich-Str.

Staffelschnatzer

Die Rastatter gelten als leutselig. Ihnen wird nachgesagt, dass sie früher an den Stufen (**Staffeln**) ihrer Hauseingänge saßen, um mit den Passanten zu plaudern (**schnatzen**). So kamen sie zum heute noch gebrauchten Necknamen **Staffelschnatzer**, der sich auch in Vereinsnamen wiederfindet. Seit 1991 gibt es auch ein Staffelschnatzer-Denkmal in der Stadt. Ursprünglich aus Beton, steht seit 2019 eine Bronzeversion des Staffelschnatzers an einem neuen Ort, der Schließbrücke an der Murg.

Bildhauer: Kurt Tassotti, Bronze, 2019
Standort: an der Schließbrücke

Sinsemer Wetzstoispucker

An der Bronzefigur des Wetzsteinspucker-Brunnens in der Innenstadt Sinsheims ist zu lesen:

Hier seht dern stehn, mit nackige Fieß,
hemdich uff der Elsenz-Wies!
Er hätt sich norre bicke brauche
um sein Stoi ins Wasser tauche –
Doch dem schlaue Kraichgaubauer
war's Leben so genug schon sauer!
Er steht und spukt und lächelt knitz
über seinen eigenen Witz!

Statt den Wetzstein ins Wasser zu tauchen, spuckt der schlaue Kra-
ichgau-Bauer ihn einfach an und vermeidet so das Bücken in seinem ohnedies schwierigen Leben. Die Sinsheimer sind auch sonst
clever. Ohne die Mühen der Ebene ist ihnen ein Bundesligaverein
fast zugefallen (FC Hoffenheim).

Bildhauer: Renate Jung, Bronze, 1989
Standort: Karlsplatz

Manschettenbauer

Über die genaue Herkunft des Ortsnecknamens lässt sich nur spekulieren. **Manschettenbauer** war um 1800 ein Ausdruck für begüterte Bürger, die Manschetten trugen und sich durch den Kauf von Gütern in der Landwirtschaft versuchten. In Dühren scheint es eher umgekehrt gewesen zu sein. Örtliche Bauern wurden wohl durch ihre Arbeit wohlhabend und zeigten es durch ihre Kleidung. Auf Initiative eines Vereins wurde im Jahre 2020 vor der Verwaltung von Dühren eine Manschettenbauer-Bronzestatue aufgestellt.

Standort: Karl-Schumacher-Str. 23, Sinsheim-Dühren

Stuttgardia

Einst gab es in Stuttgart die **Stuttgardia** als allegorische Figur und Schutzgöttin der Stadt gleich zweimal: einmal am Stuttgardia-Brunnen und einmal am Rathaus. Im Zweiten Weltkrieg wurden Brunnen und Rathaus zerstört. Die Rathaus-Stuttgardia überlebte jedoch und wurde 1968 an der Seitenfassade des Rathaus-Neubaus angebracht. Model für diese 2.4 m hohe Figur war die jüdische Stuttgarterin Else Weil (1884-1955), die in der NS-Zeit in die USA flüchten musste, aber nach dem Krieg zurückkehrte und in Stuttgart begraben ist.

Bildhauer: Heinz Fritz, Bronze, 1905
Standort: Hirschstr./Marktplatz, Seitenfassade Neues Rathaus

8. Bayern

In Bayern sind Ortsnecknamen seltener als im nördlichen Baden-Württemberg oder im Rheinland. In Unterfranken sind jedoch einige zu finden, sowie Denkmale dazu. Personifikationen ohne Beinamen gibt es zu den großen Städten München und Nürnberg.

Bekannt ist die Münchner Wappenfigur, das Münchner Kindl, welches auf der Spitze des Rathausturmes aber auch an der Rathausfassade zu sehen ist. Eigentlich war es ursprünglich ein Mönch. Von den Mönchen, die einst ein Kloster auf dem Stadtgebiet hatten, leitet sich in der Theorie auch der Name der bayerischen Landeshauptstadt ab. Im Laufe der Zeit wurde der Mönch in der Symboldarstellung der Stadt immer mehr verkindlicht, bis man beim Münchner Kindl angelangt war, das sich 1920 zusätzlich vom Jungen zum Mädchen wandelte.

Münchner Kindl, München
Standort: Rathausfassade

Die Knödelwerferin

Der Sage nach wurde Deggendorf einst vom Heer Ottokar von Böhmens belagert. Als ein Späher Ottokars die Stadtmauer erklimmen wollte, wurde er von einer Deggendorferin entdeckt und von ihr mit einem Knödel beworfen, so dass er die Stadtmauer hinunterfiel. Er berichtete nun, dass die Deggendorfer noch so viele Vorräte hätten, dass sie es sich erlauben konnten, mit Knödeln zu werfen. Und so brach Ottokar die Belagerung der Stadt ab. Nach dieser Sage werden die Deggendorfer auch **Knödelwerfer** genannt und am Marktplatz gibt es ein Restaurant `Zur Knödelwerferin´.

Bildhauer: Erika Einhellinger (*1941), Granit/Bronze, 1985, **Standort:** Schlachthausgasse

67

Lindau

Lindavia

1884, zum 20. Regierungsjahr des bayerischen Königs Ludwig II., wurde in Lindau ein Brunnen aus hellrotem Marmor, gekrönt von einer Lindavia-Bronzestatue, aufgestellt. Die **Lindavia** trägt in der einen Hand ein Ruder, Symbol der Schifffahrt, in der anderen einen Lindenzweig. Denn Lindau, wie der Name bereits impliziert, galt schon seit dem Mittelalter als Insel, auf der Linden wachsen. Das Lindauer Stadtwappen zeigt deshalb auch einen Lindenbaum.

Vier bronzene Figuren, die auf dem Rand des Brunnens sitzen, stellen die damals wichtigsten Wirtschaftszweige der Stadt dar: die Schifffahrt, die Fischerei, den Weinbau und den Ackerbau.

Bildhauer: Wilhelm Rümann, Bronze, 1884
Standort: Reichsplatz

Mopper und Schnüdel

In Lohr werden die in der Stadt Geborenen **Mopper**, die Zugereisten **Schnüdel** genannt. Der Lohrer Künstler Roland Schaller (ein Mopper) hat 2020 der Stadt ein Denkmal geschenkt, auf welchem ein Mopper (in lokalem Dialekt gleichzeitig eine Blutwurst im Darm) und ein Schnüdel (die beiden Schnüre, die die Wurst zusammenhalten), beide personifiziert, zu sehen sind. Einem geschenkten Gaul schaut man wohl nicht ins Maul. Das Denkmal ist zwar originell, aber von unglaublicher Hässlichkeit.

Bildhauer: Roland Schaller, Bronze, 2020
Standort: Schlossplatz vor dem Rathaus

Staffelbrunser

Diejenigen, die früher ihr Wasser am Staffelbrunnen holten, wurden wohl **Staffelbrunnler** genannt. Mit diesem Ausdruck wurden im Laufe der Zeit alle Miltenberger bezeichnet und schließlich wurde das Wort zu **Staffelbrunser** verballhornt. Brunsen ist das lokale Dialektwort für urinieren.

Bildhauer: Helmut Kunkel, Bronze, 2016
Standort: Mainstr.

Nürnberg

Noris

An einer Fassade der Altstadt von Nürnberg findet sich eine Bronzefigur der **Nymphe Noris**, Symbolfigur der Stadt, welche das Stadtwappen in Händen hält. Noris ist eine Wortschöpfung durch den Nürnberger Arzt Fritz Helwig für einen 1650 veröffentlichten Führer durch die Stadt Nürnberg, in welchem diese als Nymphe Noris personifiziert wird. Noris wiederum bezieht sich auf die im Mittelalter aufgekommene Stadtbezeichnung Castrum Noricum, welche auf falschen Annahmen einer bis ins klassische Altertum zurückreichenden Stadtgeschichte beruhte.

Bildhauer: Philipp Kittler, Bronze, 1903
Standort: Königstr. 33-37

9. Sachsen-Anhalt

Im Osten sind Stadtpersonifikationen eher selten. Der Hobusch in Dessau ist eine der wenigen (indirekten) Ausnahmen.

Dessau

Sonnenkopp

Christoph Gottlieb Leopold **Hobusch** war ein Gelegenheitsarbeiter und Dessauer Original des 19. Jahrhunderts. Sein Witz, seine Respektlosigkeit vor Obrigkeiten und seine Schlagfertigkeit, später zu **Hobuschiaden** ausgeschmückt und erhöht, machten ihn legendär und verhalfen ihm zum Beinamen `Dessauer Eulenspiegel´. Sein weiterer Beiname **Sonnenkopp** wird auch für alle gebürtigen Dessauer verwendet.

Bildhauer: Steinmetzfirma Melchert, Sandstein, 1995
Standort: Eckhaus Askanische Str./Steinstraße

10. Europa

Allegorien zu Städten gibt es vor allem für die großen europäischen Metropolen. Stadt- und Stadtbewohnerspitznamen mit entsprechenden Denkmalen gibt es vor allem in den Niederlanden und in Flandern.

10.1 Österreich

In Österreich sind Stadtpersonifikationen außerhalb von Wien (Vindobona) eher selten. In Bregenz ist jedoch vor wenigen Jahren eine neu erdachte Figur dazugekommen.

Bregenz

Seebrünzler

Der **Seebrünzler** (Seepisser) ist eine erst vor wenigen Jahren geschaffene Symbolfigur der Bodenseestadt. Ein vom Architekten Peter Konzet entworfener Brunnen mit einem die Umrisse des Bodensees urinierenden Seebrünzler wurde 2015 aufgestellt. Seither werden jedes Jahr zwei verdiente Personen, die sich um Bregenz verdient gemacht haben, zum **Ehren-Seebrünzler** ernannt.

Künstler: Peter Konzet, Bronze, 2015
Standort: Kirchstr. 9

10.2 Belgien

Belgien ist reich an Geschichte(n) und hat etliche Stadtpersonifikationen mit entsprechenden Denkmälern aufzuweisen, vor allem
in Flandern. Am bekanntesten ist das Manneken Pis in Brüssel.

Brüssel

Manneken Pis

Manneken Pis ist eine nur 61 cm hohe Bronzestatue eines
urinierenden Jungen an einem Brunnen in der Altstadt von Brüssel.
Als eine Art Wahrzeichen von Brüssel wird die Figur, die zu
bestimmten Anlässen gekleidet wird, von Touristen stark besucht.
Der Legende nach soll der kleine Junge **Julianske** Vorbild gewe-
sen sein. Er belauschte feindliche Belagerer und löschte durch
Pinkeln gerade noch rechtzeitig eine brennende Lunte.
Das Original der heutigen Bronzefigur stammt aus dem Jahr 1619.
Nach einem Diebstahl wurde bereits 1815 eine Kopie aufgestellt.
Die Figur wurde seither immer wieder beschädigt. Die heutige
Kopie stammt aus dem Jahre 1965.

Bildhauer: Jérôme Duquesnoy, Bronze, 1619
Standort: Ecke Rue de l′Etuve/Rue des Grands Carmes

De Koienschieters (Kuhschießer)

Eines Nachts, wir schreiben das Jahr 1691, vermeinten die Löwener verdächtige Bewegungen im Dunkeln zu bemerken. Sie dachten, die Franzosen würden angreifen und eröffneten das Feuer. Am nächsten Morgen erkannten sie, dass sie nur ein paar Kühe erschossen hatten. Seit dieser heldenhaften Tat haben die Löwener den Beinamen **Koienschieters/Kuhschießer**. Eine Koienschieter-Statue wurde 1991 in der Stadt aufgestellt.

Bildhauer: Peter Vanbekbergen, Bronze, 1991
Standort: Brusselsestraat 290

Djoseph und Françwès

Die vom Zeichner Jean Legrand (1906-2002) entworfenen Comic-
figuren **Djoseph** und **Françwès** versuchen in der Skulptur im
Stadtzentrum Namurs eine Schnecke in einen Käfig zu treiben. Die
beiden stehen, wie die **Schnecken,** für die langsame, gemütliche
Lebensweise Namurs und seiner Bewohner.

Bildhauerin: Suzanne Godart, Bronze, 2000
Standort: Place d´Armes

Pope ringe

Meester Ghybe

Meester Ghybe ist eine fiktive volkstümliche Figur der belgischen Stadt Poperinge. Im Mittelalter war Westflandern ein führendes Zentrum der Tuchproduktion. Dabei kämpften die mächtigen Städte Brügge, Gent und Ypern um ihre Pfründe. Im Jahre 1324 wurde das Tuchproduktionsprivileg für Ypern bestätigt. Im nahe gelegenen Poperinge musste die Tuchproduktion eingestellt werden. Danach konzentrierte sich die Stadt auf die Bierproduktion.
Meester Ghybe ist eine Art von Don Quichotte Poperinges. Er sitzt verkehrt auf einem Esel (Flandern), sein Name ist aus Buchstaben der drei Städte (Ghent, Ypern, Brügge) zusammengesetzt. Im Schoß hat er einen **Stein**, der für das eigensinnige **Poperinge** steht und auf den er eindrischt.

Bildhauer: Lucien de Gheus (1927-2013), Bronze, 2005
Standort: Vroonhof, Groote Markt

10.3 Niederlande

Die Niederlande sind ein Land, in welchem sogar in kleineren Städten zahlreiche Plastiken stehen. Häufig sind es abstrakte Motive, Stadtpersonifikationen sind eher selten. Oft haben solche Bezüge zu den speziellen Karnevalsnamen der Städte.

Eindhoven

De Lampegatter

Anlässlich der 750 Jahr-Feier der von Philips geprägten *Lichtstadt* Eindhoven wurde 1982 am Bahnhofsplatz die kleine Bronzefigur des **Lampegatters,** Karnevalsname der Eindhovener, enthüllt. Dargestellt ist eine Glühbirne mit Rädern und gekröntem Gesicht, inspiriert durch die Werke des Brabanter Malers Hieronymus Bosch. Lampegats bedeutet **Lampenloch** und zur Einweihung goss der Bürgermeister Bier in den offenen Mund der Figur.

Bildhauer: Sigismund de Ranitz, Bronze, 1982
Standort: Nördl. Bahnhofsplatz

Maastricht

Mestreechter Geis

Die **Mestreechter Geis** ist eine Figur aus der Operette *Drei Mestreechtenere nao de Maon* von Lou Maas. Der **Mestreechter Geis** ist eine verspielte und charmante Figur, Eigenschaften, welche auch den Maastrichtern zugeschrieben werden. Somit ist er auch eine Art Symbolfigur für den Geist der Maastrichter.

Bildhauerin: Mari Andriessen, Bronze, 1962
Standort: Korte Stokstraat / Het Bat

De verwoeste Stad

Rotterdam wurde am 14. Mai 1940 von der deutschen Luftwaffe bombardiert, wodurch weite Teile der Innenstadt zerstört wurden. 13. Jahre später wurde in der Innenstadt die vom russischen Bildhauer Ossip Zadkine gestaltete Bronzefigur **de verwoeste Stad** (die verwüstete Stadt) aufgestellt. Die allegorische Figur, welche das kriegszerstörte Rotterdam repräsentiert, reißt verdrehte Arme nach oben, im Leib klafft eine Lücke, das Herz ist ihr entrissen. Nach dem Krieg wurde Rotterdam als moderne, geradlinige Stadt wiederaufgebaut.

Bildhauer: Ossip Zadkine (1888-1967), Bronze, 1953
Standort: Plein 1940

Sittard (NL)

Zittesje Sjnaak

Zittesje Sjnaak (Sittarder Junge, Limburger Dialekt) ist ein frecher Sittarder Junge, der den Leuten den bloßen Hintern zeigt.

Bildhauer: Louis Wierts (*1944), Bronze, 1984
Standort: Voorstad 2

Kruikezeiker

Tilburg war einst eine bedeutende niederländische Textilstadt. Zwischen dem 17. und 19. Jahrhundert wurde Wolle mit Urin gereinigt, da Urin Ammoniak enthält. Die Tilburger sammelten für diesen Zweck den Urin in Krügen. So kam es zum Spitznamen **Kruikezeikers** (Krugseicher/-pisser), der heute auch von Karnevalsvereinen genutzt wird und den Karnevalsnamen der Stadtbewohner darstellt.

Bildhauer: Henk Smulders, Bronze, 1987
Standort: Heuvelstraat/Nieuwlandstraat

Schlusswort

Ich hoffe, die kleine Sammlung von Denkmälern für Personifikationen von Orten ist für die LeserInnen unterhaltsam und anregend. Über Hinweise zu weiteren interessanten Denkmälern würde ich mich freuen. Kommentare zur bestehenden Sammlung sind ebenfalls willkommen. Am besten an:
Richard.deiss@gmail.com

In Landau/Isar gesehen.

Zum Autor

Richard Deiss stammt aus Isny im Allgäu, studierte in den 1980er Jahren in München Geografie und arbeitete ab den 1990er Jahren als Verkehrsplaner und im Bereich der Statistik. Heute lebt er in Wuppertal und Berlin. Bei BoD hat er seit 2006 bereits mehr als 50 Titel publiziert, zuletzt neun Bücher zu von ihm besuchten Städten und 2 Wortspielbücher. Zurzeit arbeitet er an einer Buchreihe zu Gedenk- und Informationstafeln. Seine Bücher decken Themengebiete ab, zu denen es bisher wenige Veröffentlichungen gibt. Es ist ihm ein Anliegen, seine Leserschaft damit zu unterhalten, zu erstaunen und zu erheitern.

Quellennachweis:

Bilder: Richard Deiss

Texte: Informationen zu den Texten

Vanderkrogt, Denkmäler allgemein
https://statues.vanderkrogt.net/object.php?webpage=ST&record=debw138

Berlin, Karpfenjule
https://bildhauerei-in-berlin.de/bildwerk/karpfenjule-6896/

Hamburg, Hammonia
https://denkmalhamburg.de/hammonia-auf-der-brooksbruecke/

Bremen, Roland
https://www.bremen.de/tourismus/sehenswuerdigkeiten/bremer-roland

Hannover-Linden, Butjer
https://www.hannover.de/Service/Presse-Medien/Landeshauptstadt-Hannover/Meldungsarchiv-f%C3%BCr-das-Jahr-2022/%22Lindener-Butjer%22-ist-umgezogen

Borken-Weseke, Sippel-Lippet, Sippel Jans
https://www.weseker-heimatverein.de/2016/12/04/sippellisbet/

Duisburg, Tönnekesdrieter
https://www.komoot.de/highlight/4912911

Köln, Tünnes und Schäl
https://www.koelntourismus.de/kunst-kultur/sehenswuerdigkeiten/detail/tuennes-und-schael-denkmal

Minden-Buttjer
https://minden-kurier.de/2014/09/05/schon-immer-etwas-speziell-die-mindener-und-ihre-buttjersprache/

Nettetal-Breyell, Kiependräger
https://www.nettetal.de/de/freizeit/kiependraeger/

Nettetal-Lobberich, Wenkbüll
https://www.nettetal.de/de/presse/lobbericher-wenkbuell-hat-einen-neuen-stock/

Nettetal-Kaldenkirchen, Zigarrendreher
https://www.nettetal.de/de/freizeit/zigarrendreher/

Nettetal-Schaag, Gerber
https://www.nettetal.de/de/freizeit/gerberfigur-auf-dem-hubertusplatz/

Stolberg-Büsbach, Bareschesser

https://www.denkmalplatz.de/bareschesser-in-stolberg/

Würselen-Bardenberg, Jeel Puet

https://www.heimatverein-bardenberg.de/seite/305285/baadeb%C3%A4rjer-jeel-puet.html

Koblenz-Lay, Kuoleruoffer

https://www.kuladig.de/Objektansicht/KLD-343033

Linz, Strünzer

https://www.eifelverein-linz.de/index.php/startseite/linz10/414-struenzerbrunnen

Neuwied, Schärjer

https://www.lebendiges-neuwied.de/Neuwied-Neuwied-von-A-Z-Page-Schaerjer-Id-17.html

Bad Hersfeld, Mückenstürmer

https://www.badhersfeld-tourismus.de/kunst-kultur/denkmaeler

Darmstadt, Heiner

https://www.darmstadt-stadtlexikon.de/h/heiner.html

Gießen, Schlammbeiser

https://www.giessen.de/index.php?ModID=7&FID=2874.15956.1&object=tx%7C2874.15956.1

Schenklengsfeld, Strohhaischer

https://www.schenklengsfeld.de/verzeichnis/objekt.php?mandat=94611

Eppelheim, Stallhasen

https://www.eppelheim.de/2279670.html

Heilbronn-Sontheim

http://www.staedteundgemeinden.tv/stadt/items/sontheim.html

Heilbronn-Horkheim

https://www.opencaching.de/viewcache.php?cacheid=116043

Heilbronn-Neckargartach

https://www.neckargartach-online.de/neckargartach/

Kraichtal-Unteröwisheim, Kerschdekipper

https://landfunker.de/geschichte-unteroewisheimer-kerschdekipper-uznamen-aus-dem-kraichgau/

Mosbach, Kiwwelschisser

https://www.tourismus-bw.de/attraktionen/kiwwelschisserbrunnen-740014021c

Östringen-Odenheim
https://www.kraichgau-stromberg.de/poi/linsabauch-standbild

Rastatt, Staffelschnatzer
www.tourismus-rastatt.de/sehenswuerdigkeiten-und-geschichte/historische-route/station-staffelschnatzer

Nagold, wüste Urschel
https://urschelstiftung.de/historie/

Pforzheim, Seckel
https://www.schwarzwald-tourismus.info/attraktionen/pforzemer-seckel-von-fritz-theilmann-1f07dbdf28

Deggendorf, Knödelwerferin
https://www.deggendorf-pulsiert.de/sehenswuerdigkeiten/brunnen-die-knoedelwerferin/

Lindau, Lindavia
https://www.lindau.de/addresses/lindaviabrunnen/

Lohr, Mopper und Schnüdel
http://franken-ist-schoen.de/mopper-und-schnuedel-aufs-podest-gehoben/

Miltenberg, Staffelbrunser
https://www.frankentourismus.de/poi/staffelbrunserbrunnen-36141/

Bregenz, Seebrünzler
https://visitbregenz.com/erleben/stadt-mensch/sehenswuerdigkeiten/seebruenzler

Leuven, Koienschieters
https://www.vlaamswoordenboek.be/definities/term/Koeienschieter

Namur, Djoseph und Françwès
https://www.komoot.de/highlight/4226106

Poperinge, Meester Ghybe
https://www.toerismepoperinge.be/de/statue-ghybe-1

Maastricht, Meestrechter Geis
https://www.besuchemaastricht.de/orte/287752382/mestreechter-geis

Tilburg, Kruikezeiker
https://isgeschiedenis.nl/nieuws/tilburg-stad-van-de-kruikenzeikers

Weitere Bücher des Autors bei books on demand, www.bod.de

in der Reihe **Tausend Tafeln**

Hier war Goethe nie
77 wundersam-witzige Info- und Gedenktafeln, Norderstedt 2022

Stadt der Gedichte
77 Gedichttafeln in Städten, Norderstedt 2022

Seltsame Zunge
77 Tafeln mit Dialekttexten, Norderstedt 2022

City of poems
77 Gedichttafeln in fremden Sprachen, Norderstedt 2022

Zahlen bitte!
77 Infotafeln die zählen und Zahlen zeigen, Norderstedt 2022

Aalweber und Zitronenjette
77 städtische Originale und ihre Denkmäler, Norderstedt 2023

Baum der Besinnung und Splittereiche
77 Baumbegegnunen, Norderstedt 2023

Haussmann, Holl und Hillebrecht
77 Denkmäler für Architekten und Stadtplaner, Norderstedt 2023

Ottifant und Knollennase
77 Denkmäler für Kabarettisten und Komiker, Norderstedt 2023